Table of Contents

D0690720

Story Title   **Page Number**

Table of Contents

Story Title   **Page Number**

Table of Contents

Story Title   **Page Number**

Table of Contents

About the Author

Made in the USA
San Bernardino, CA
15 November 2019